AF343257

# LE PROFESSEUR

# B. TEISSIER

## SA VIE, SON ŒUVRE

*Par le D<sup>r</sup> P. DIDAY*

LYON
ASSOCIATION TYPOGRAPHIQUE
F. PLAN, RUE DE LA BARRE, 12.

1889

# LE PROFESSEUR

# B. TEISSIER

## SA VIE, SON ŒUVRE

---

Bénédict Teissier a reçu notre suprême étreinte ! Et plus s'apaise le saisissement de la première heure, mieux notre regard affermi mesure la profondeur du vide soudainement ouvert. Ce n'est pas un ami seulement que perd le corps médical : c'est un homme. Une noble tâche remplie sans défaillances ; le plus enviable succès dignement conquis ; au premier appel, le poste de péril toujours réclamé pour la défense de la dignité professionnelle et le maintien de l'union confraternelle, ses titres à notre reconnaissance ne sont que de trop légitimes droits à nos regrets.

Disciple favori d'Amédée Bonnet, de bonne heure il aperçut le but offert et la voie à suivre pour y parvenir. Quelque élevé que fût ce but, il ne pouvait tarder à l'atteindre, n'y tendant que par le chemin le plus court, le seul que connût le maître qui le lui avait tracé, la ligne droite.

Ainsi dirigé, ainsi armé, mûr à l'âge où les autres mûrissent, notre ami devait, par la rapidité de sa progression ascendante, causer même à ceux à qui il inspirait la plus sincère estime, un sentiment qui, disons-le sans détour, n'était pas uniquement de l'appréhension.

Aujourd'hui même, en effet, si l'observateur qui jette sur

cette belle carrière un coup d'œil indépendant est surpris en comparant la grandeur du résultat avec la simplicité des moyens, c'est qu'il lui manque des exemples semblables à celui-ci pour apprécier la réelle valeur de ces moyens bien employés. — Confrère, clinicien, Teissier ne fut que cela : mais il fut cela. Disons à quel degré : là peut se borner notre panégyrique.

Confrère, il l'était d'instinct, d'élan, avec conviction..., avec obstination, peuvent dire ceux qui l'ont vu de près. Sous ce rapport, il prodiguait, sans songer à exiger la réciprocité. Or, être scrupuleux envers ses créanciers et accommodant avec ses débiteurs, c'est aller au devant de sûrs mécomptes. Si Teissier en subit, jamais certes on ne s'aperçut qu'ils l'eussent corrigé.

Mais sur un autre terrain, s'agissait-il d'actes portant atteinte à la confraternité, sans le toucher lui personnellement ? Alors se réveillait sa susceptibilité. Prenant en sens inverse le fameux : « Moi ? c'est autre chose, » il ressentait sur l'épiderme d'autrui la piqûre qui lui eût impunément traversé la peau. Ce n'est pas que même en ce cas, il protestât, il jetât les hauts cris ! Non : et d'ailleurs au sein de notre corporation lyonnaise, se passe-t-il rien qui motive de tels éclats ? Mais on connaissait l'impressionnabilité de cette sensitive à toute dissonnance menaçant le parfait accord confraternel. Pour lire sa pensée, était-il besoin qu'il l'exprimât par des paroles ? Dans l'un de ces conflits qui parfois nous divisent, qui eût hésité à se rendre ; quel acharné contendant eût osé en appeler, si, les débats clos, son avocat était venu lui dire : « Teissier a plissé le sourcil ! » ou seulement : « Teissier a gardé le silence ! »

Ne voulant l'union intime que pour qu'elle fût agissante,

productive, sa participation était assurée à toutes les Associations où elle se retrempe, où elle se manifeste par des services. Assurée ! que dis-je ? au besoin, on la lui eût imposée. A la Société de médecine, il figurait, comme de droit, dans toutes les commissions permanentes. Et même aux réunions du bureau, combien de fois, surtout après sa mémorable présidence, ne l'avons-nous pas appelé à y prendre place. Le règlement l'interdisait cependant. Le règlement !... On se regardait, et l'on passait outre... C'était Teissier.

Comme clinicien, Teissier a joui d'une popularité exceptionnelle. Son renom tient à plusieurs causes, de valeur inégale sans doute, mais toutes dignes d'être rappelées, le résultat parfait que nous avons tous admiré dépendant plutôt d'un ensemble coordonné de qualités sérieuses toujours présentes que de ce qu'on appelle le génie, hôte fugitif et trop souvent ou suppléé ou sourd à l'appel.

Et, d'abord, il eut constamment le respect, le souci du malade d'hôpital.

Ainsi, c'est une des caractéristiques les mieux justifiées de la science moderne que la révision sévère de la classe des affections dites *à frigore*. En vertu de quel illogisme travaille-t-il donc parfois à les multiplier par sa technique, cet enseignement dont l'esprit essentiel est de les restreindre ? *Clinique* vient de χλίνη, *lit*, n'est-ce pas ? Et l'on pourrait citer maintes chaires dont le titulaire ouvre sa leçon par une double entorse à l'étymologie et à l'humanité. Tirer de sa couche pour l'exposer nu sur une estrade un pauvre diable à peine remis du tremblement que lui donna le seul mot d'*hôpital* !... J'ai vu frémir Teissier; je l'ai vu, par un réflexe de nouveau genre, je l'ai vu frissonner à l'annonce de la prochaine importation chez nous de ce nouvel usage. Et parfois, un sourire qui n'appartenait qu'à lui décelant sa pensée intime : « Est-ce donc là le seul sens dans lequel un professeur de clinique puisse avoir l'idée de *déshabiller* son malade ? » semblait-il murmurer.

Bientôt, je l'espère, l'occasion me sera donnée de raconter les débuts de Teissier dans l'enseignement ; de dire comment, d'abord professeur presque *malgré lui*, il devint maître acclamé. Franchissons ces premières étapes. Définitivement installé, bientôt cet initiateur-né saura prouver que le mot de *sacerdoce* n'a rien d'exagéré pour définir la manière dont il comprend sa mission vis à vis des élèves. « En vingt-cinq ans, pouvait-il s'écrier avec le seul mouvement d'orgueil qu'on lui ait connu, je n'ai pas manqué plus de quatre ou cinq leçons. » Et leçons, toutes, sans en excepter une seule, préparées avec un soin méticuleux, et préparées dès la veille pour laisser place au scrupule nocturne père de l'insomnie... et du perfectionnement, sinon de la perfection. Jamais il ne se fia, lui si riche en ce genre usuel d'équivalents, à son don d'improvisation, aux souvenirs de sa vaste carrière, aux incursions dans le champ doctrinal ou critique. A la banale question : « Sur quel sujet allez-vous aujourd'hui faire votre cours ? » — « Vous voulez dire sur quel malade ? » était sa seule réponse.

C'était le malade, en effet, qu'il présentait d'abord aux élèves. Tout cas propre à inspirer une leçon profitable a un point à la fois culminant et obscur : ce sera tantôt la cause, tantôt la nature, le siège précis, la tendance à telle terminaison, la contagiosité, etc. Dégagé, mis en relief par un exposé sommaire, c'était sur ce point que Teissier faisait converger tous les rayons, rassemblait tous les moyens d'information, de démonstration , de contrôle ; et tous agencés, échelonnés, sériés, de façon à faire naître la solution non comme une étincelle qui a jailli par un coup heureux, mais comme une résultante qui ne saurait manquer de se produire dans la forme et à l'heure voulues.— Puis, le cas baptisé, le problème nosologique hors de cause, au moment où l'on croyait tout fini, surgissait la question pratique avec toutes ses exigences, amenant en scène le clinicien avec toutes ses ressources. Car cette entité nosologique a pour support un être vivant, un homme : selon son origine, ses antécédents, sa constitution, son moral, son hygiène, le milieu qu'il habite, cet homme influencera le processus non moins que le processus l'avait influencé lui-même. Voilà ce qu'il faut avoir fixé pour viser fructueusement le but, le seul but de toute enquête médicale, la *thérapeutique*. Voilà le fond même de notre science-art. Voilà comment le maître qui apprend ainsi à penser, à scruter, à découvrir par soi-même, fait de l'étudiant assidu un praticien recherché. Et voilà, autant qu'une sèche et froide dissection peut représenter la vie, voilà ce qui, trente ans durant, enchaîna au pied de cette chaire un flot incessamment renouvelé d'auditeurs, dont plusieurs devenus des maîtres, mais dont aucun ne sortit de là que pleinement instruit de la conduite à tenir en face de tel malade que ce fût : car c'était encore un des mérites, c'était la vraie supériorité didactique de cet enseignement, que, au lieu, comme tant d'autres, de s'en tenir à quelques sujets préférés, le professeur s'attachait, au contraire, à parcourir le cycle entier de la pathologie.

Et maintenant si quelqu'un demande encore pourquoi Teissier « n'a rien produit », pourquoi son nom manque aux catalogues de librairie ?... Vous vous trompez, répondrai-je,

Teissier a, à son compte, un Traité classique, paru en deux livraisons par semaine, arrivé aujourd'hui à sa huitième édition.—Ne sont-ce pas autant de livraisons, en effet, que cette série ininterrompue de *chapitres parlés*, d'instructives conférences à jour fixe? Ne représentent-elles pas autant d'éditions successives ces générations d'élèves que, au prix du labeur le plus assidu, le maître tenait incessamment au courant des progrès de la science? Et s'il faut, selon l'usage, à ce livre une préface, où la trouver plus éloquente que dans ce mot recueilli par moi, après une de ces leçons, de la bouche du fonctionnaire le plus rétif à l'éloge, de l'inspecteur-général Denonvilliers : « Nulle part, même à Paris, je n'ai vu d'enseignement mieux approprié à son objet. »

Mais l'œuvre de Teissier n'a pas seulement fécondé ; elle a révolutionné. Révolutionné !... Oui, ce patient analyste, ce doux charmeur a fait une révolution ; plus qu'une révolution, il a fait les mœurs qui font les révolutions. De temps immémorial, chez nous, le *majorat* absorbait à son profit la faveur publique. Dans le monde, même dans ce qu'on nomme le monde savant, venait-on à citer la médecine lyonnaise ? Il était sous-entendu que c'est de la *chirurgie* lyonnaise qu'on avait parlé. De retentissants concours, de solennelles séances d'installation, une disproportion démesurée du nombre de lits appuyaient, étendaient, perpétuaient ce prestige exclusif dont la crédulité du vulgaire avait fini par faire le plus étrange monopole.

C'est depuis l'enseignement de Teissier, et c'est par l'enseignement de Teissier que les choses ont été remises en leur place. Si, de par la *médecine*, de méritants collègues occupent maintenant dans les conseils de l'Administration, dans la confiance de toutes les classes de la société le rang

auquel ils ont droit, et si c'est un *major* même qui se féli-
cite de pouvoir dire ici à quelle hauteur s'élève aujourd'hui
ce rang jadis si injustement abaissé, que nul n'oublie la part
due au simple travailleur qui, trente ans durant, — il n'a
pas fallu moins, — à l'instar du philosophe antique, montra,
en marchant, comment on monte.

Seuls, le confrère, le professeur auront un instant revécu dans
l'esquisse que je viens d'ébaucher. Il faudrait plus de temps
et plus de calme pour toucher aux faces séduisantes de cette
loyale et tendre nature, de cet inépuisable prodigue, à qui la cité
rendait hier, en hommages, ce qu'elle a reçu de lui en bien-
faits. Un dernier trait toutefois va compléter sa peinture, c'est
la parfaite ressemblance de Teissier avec celui qu'il se plai-
sait lui-même à nommer son modèle, avec Amédée Bonnet.
Sortis des mêmes rangs, après une jeunesse soumise et trem-
pée aux mêmes épreuves, à tous deux il est donné, pour leur
début, de relever, de restaurer, d'inaugurer la clinique chi-
rurgicale et la clinique médicale, l'une et l'autre tombées
en d'impuissantes ou insoucieuses mains. — Au même
degré, pour tous deux, l'austérité des mœurs est la devise ; le
culte de l'amitié et la passion du travail, l'unique jouissance.
— Tous deux restent *nôtres*, vouent à la Médecine Lyonnaise
la somme de leur activité, renferment dans la sphère lyonnaise, l'idéal de leurs aspirations. — Tous deux enfin, par
un même sort, tombent, lentes victimes du devoir accompli,
sous le coup de la même atteinte aux mêmes organes pré-
disposés par les mêmes causes d'épuisement.

Aux générations témoins de tant d'efforts, de tant de ver-
tus, il appartient de réunir dans un semblable hommage
ceux entre qui le Créateur avait serré de tels liens. Le deuil

imposant qui a frappé nos yeux veut une consécration durable ; et justement un premier, un inoubliable exemple est là pour attester avec quel empressement, sous quelle forme, la piété publique répond, chez nous, à cet appel.

Eh bien ! à côté, tout près du maître, une place attendait le disciple. Que cette place plus modeste — celle qu'il eût lui-même choisie — soit occupée. Que son image ineffaçable, placée dans l'amphithéâtre où il *fit* la clinique médicale, y rappelle, avec les titres et la tradition du fondateur, la gratitude et l'admiration des initiés. Collègues, confrères, élèves, obligés à tous degrés et de toute sorte, acquittons-nous. Pour le bien plus encore que pour l'honneur de l'humanité, il est des dettes qu'on ne doit pas laisser en souffrance. —

Lyon, Assoc. typ. — F. PLAN.